ΟΡΓΑΝΩΣΗ ΓΙΑ ΕΠΙΤΥΧΙΑ

- **Προβλήματα ?** Πώς μπορώ να οργανώσω καλύτερα την εργασία μου;

- **Γιατί είναι χρήσιμο;** Η καλή οργάνωση στην εργασία είναι το κλειδί της αποδοτικότητας: μειώνει τα απρόβλεπτα γεγονότα, ενώ παράλληλα εξοικονομεί ενέργεια.

- **Επαγγελματικό πλαίσιο ?** Προσωπική οργάνωση, οργάνωση εντός της εταιρείας, εσωτερική επικοινωνία, ανάθεση αρμοδιοτήτων.

- **ΣΥΧΝΕΣ ΕΡΩΤΗΣΕΙΣ ?**

  o Από πού να ξεκινήσω;

  o Πώς να εντοπίζετε τους εχθρούς της καλής οργάνωσης;

  o Πώς μπορείτε να ρυθμίσετε το άγχος που σας εμποδίζει να εργαστείτε;

  o Ποιος είναι ο ρόλος της ανάθεσης στην οργάνωση της εργασίας;

  o Οργάνωση και επικοινωνία: δύο αδιαχώριστα;

  o Πώς να βελτιστοποιήσετε τον χρόνο σας;

  o Πώς να διαχειριστείτε τις προτεραιότητες;

Αισθάνεστε συγκλονισμένοι από τον αριθμό των πραγμάτων που πρέπει να κάνετε σήμερα στη δουλειά σας; Και δεν ξέρετε καν από πού να ξεκινήσετε, παρόλο που το άγχος έχει αρχίσει

ΟΡΓΑΝΩΣΗ ΓΙΑ ΕΠΙΤΥΧΙΑ

Οι βασικές αρχές της αποτελεσματικής διαχείρισης του χρόνου και των προτεραιοτήτων

ΟΡΓΑΝΩΣΗ ΓΙΑ ΕΠΙΤΥΧΙΑ

Οι βασικές αρχές της αποτελεσματικής διαχείρισης του χρόνου και των προτεραιοτήτων

γραμμένο από Isabelle Aussant
μεταφρασμένο από Lina Sideris

να σας καταβάλλει; Είναι επείγον να οργανωθείτε, ώστε να μην σας καταβάλει η προσπάθεια!

Επειδή η οργάνωση είναι στην πραγματικότητα ένα εργαλείο για την ευημερία στην εργασία, το οποίο θα σας επιτρέψει να είστε λιγότερο αγχωμένοι και πιο αποτελεσματικοί στα καθήκοντά σας. Στην πραγματικότητα, σε ένα επαγγελματικό περιβάλλον όπου απαιτούνται όλο και περισσότερα από εσάς, όπου ο χρόνος είναι κατακερματισμένος και τα καθήκοντα πολλαπλασιάζονται, η ικανότητα έξυπνης οργάνωσης του εαυτού σας γίνεται σχεδόν όρος επιβίωσης.

Η καλή οργάνωση αποκτάται μέσω εργαλείων, αλλά και μέσω της καλής γνώσης του εαυτού μας, μέσω των αξιών, των αναγκών και των ορίων μας. Από αυτή την άποψη, θα βρείτε σε αυτό το βιβλίο τα κλειδιά που θα σας επιτρέψουν να εξελιχθείτε προς μια καλύτερη οργάνωση, προσαρμοσμένη στον προσωπικό σας τρόπο λειτουργίας.

Ο στόχος είναι να δημιουργηθεί ένας "οικολογικός" οργανισμός, δηλαδή ένας οργανισμός που θα σας σέβεται προσωπικά, χάρη σε έναν συνολικό προβληματισμό σχετικά με την προσωπικότητά σας και τα εργαλεία που θα έχετε οικειοποιηθεί, καθώς και με το εργασιακό σας περιβάλλον (τους συναδέλφους σας και τις αξίες της εταιρείας). Με αυτόν τον τρόπο, δεν θα αισθάνεστε ότι επιβάλλετε τα πράγματα με το ζόρι και το επαγγελματικό σας περιβάλλον θα σας θεωρήσει φυσικά εξαιρετικά αποτελεσματικό!

Η ABC ΤΟΥ ΚΑΛΑ ΟΡΓΑΝΩΜΕΝΟΥ ΕΡΓΑΖΟΜΕΝΟΥ

ΤΟ ΠΛΑΙΣΙΟ ΠΟΥ ΕΧΕΙ ΘΕΣΕΙ Η ΕΤΑΙΡΕΙΑ

Το οργανωτικό πλαίσιο της εταιρείας σας πιθανόν να μην εξαρτάται από εσάς, αλλά πρέπει να ζήσετε με αυτό. Συνεπώς, αποτελεί σημαντικό μέρος του προσωπικού σας εργασιακού διακανονισμού. Το πλαίσιο αυτό εξυπηρετεί τα συμφέροντα μιας εταιρείας, καθώς της επιτρέπει να βελτιστοποιεί τις λειτουργίες και το κόστος της, αλλά εξυπηρετεί επίσης και το ανθρώπινο συμφέρον, μέσω του σεβασμού για κάθε άτομο στην εταιρεία.

Έτσι, ο οργανισμός φαίνεται να είναι ένα ισχυρό σημείο επικοινωνίας μέσα σε μια εταιρεία, καθώς καθιερώνει ένα πρωτόκολλο που επιτρέπει σε κάθε τμήμα και σε κάθε άτομο να μιλούν την ίδια γλώσσα. Για να ενσωματωθεί, το πρωτόκολλο αυτό πρέπει να είναι ακριβές και κατανοητό, δηλαδή απλό, λογικό και εύκολα μεταδιδόμενο. Πρέπει επίσης να αποτελεί πηγή έμπνευσης για κάθε μεμονωμένο οργανισμό και να παρέχει ένα παράδειγμα προς μίμηση, μια κατευθυντήρια γραμμή.

Αυτό μας εξηγεί ο Pierre-Marie Gadonneix, διοικητικός και οικονομικός διευθυντής του *ITV Studios France*.

"Σκοπός μας είναι η παραγωγή τηλεοπτικών προγραμμάτων. Η οργάνωση είναι επομένως απαραίτητη, καθώς αποτελεί μέσο βελτιστοποίησης της πρωταρχικής λειτουργίας της επιχείρησης. Η βελτιστοποίηση του κόστους απαιτεί να έχουμε την πιο αποτελεσματική οργάνωση που επιτρέπει το μέγιστο σεβασμό στη λειτουργία των ανθρώπινων πόρων. Πρέπει να διασφαλίσουμε ότι οι πιέσεις της λειτουργίας δεν επηρεάζουν την καλή εργασιακή ατμόσφαιρα.

[...]

Δεν μπορούν να υπάρχουν διάφορα λειτουργικά συστήματα σε μια εταιρεία. Είναι σημαντικό να καθιερωθούν κοινές διαδικασίες στις οποίες θα συμμορφώνεται κάθε εργαζόμενος, και μάλιστα από τη στιγμή της πρόσληψης. Διαφορετικά, δημιουργούνται όχι μόνο πρακτικά και συγκεκριμένα προβλήματα στα έργα, αλλά και εντάσεις στο εσωτερικό των ομάδων.

"ΓΝΩΡΙΣΕ ΤΟΝ ΕΑΥΤΟ ΣΟΥ".

Οι τιμές

Οι αξίες μας μάς δημιουργούν θεμελιωδώς- είναι ενσωματωμένες μέσα μας. Δίνουν νόημα στις ενέργειές μας και μας ωθούν να ενεργούμε με όλη τη δύναμη που είμαστε ικανοί. Επομένως, είναι απαραίτητο να γνωρίσουμε τον εαυτό μας για να αξιοποιήσουμε με τον καλύτερο δυνατό τρόπο αυτά τα θεμελιώδη στοιχεία. Είμαστε φυσικά πιο αποτελεσματικοί σε εργασίες που είναι σύμφωνες με τις αξίες μας. Από την *άλλη πλευρά*, όταν δεν είμαστε σε αρμονία με τις αξίες μας, κάθε εργασία απαιτεί σημαντική προσπάθεια, γεγονός που συχνά μας οδηγεί στο να την αναβάλλουμε για αργότερα (αναβλητικότητα), ελπίζοντας ότι η παρόρμηση θα έρθει τελικά από μόνη της.

Ανάλογα με την ψυχολογική ή φυσική κατάσταση στην οποία βρισκόμαστε, αντλούμε περισσότερο ή λιγότερο από μια αξία. Αυτό σημαίνει ότι επανεξετάζουμε διαρκώς την κλίμακα των αξιών μας: είναι επομένως σημαντικό να την επανεκτιμούμε τακτικά.

Η επίγνωση των αξιών που μας καθοδηγούν μας επιτρέπει να ιεραρχούμε τα καθήκοντά μας και, επομένως, να οργανωνόμαστε πιο φυσικά. Ακούστε τις επιθυμίες σας, γιατί οι εργασίες που θέλετε να κάνετε θα εκτελούνται πιο γρήγορα και εύκολα. Αλλά μην ξεχνάτε να αναλαμβάνετε τις λιγότερο ευχάριστες εργασίες από καιρό σε καιρό, όταν το επίπεδο ενέργειάς σας είναι στο υψηλότερο επίπεδο...

 # ΚΑΝΤΕ ΕΝΑ ΒΗΜΑ ΠΙΣΩ ΑΠΟ ΤΟΝ ΕΑΥΤΟ ΣΑΣ

- Ποιες είναι οι αξίες σας; Οικογένεια, φίλοι, εργασία, προσφορά στην κοινωνία, αθλητισμός, σεβασμός, κοινωνική επιτυχία, ειλικρίνεια, μοίρασμα. Γράψτε όλα όσα εκτιμάτε.

- Κατατάξτε τις κατά σειρά σπουδαιότητας: προσπαθήστε να εντοπίσετε τις αξίες που καθοδηγούν την πλειονότητα των ενεργειών και της συμπεριφοράς σας.

- Πώς τις τροφοδοτείτε στη δουλειά σας; Τι θα μπορούσατε ενδεχομένως να κάνετε διαφορετικά για να επιτύχετε μεγαλύτερη προσωπική συνοχή;

Τα όρια

Το να γνωρίζεις τον εαυτό σου σημαίνει επίσης να γνωρίζεις τα όριά σου. Αυτά θα πρέπει να λαμβάνονται υπόψη κατά την οργάνωση. Όλοι έχουμε "βοηθητικά" όρια, αυτά που μας επιτρέπουν να είμαστε ευγενικοί με τον εαυτό μας και να τον σεβόμαστε, και "περιοριστικά" όρια που μας εμποδίζουν να δράσουμε ή να εκτελέσουμε μια πράξη. Μας προστατεύουν ή μας εγκλωβίζουν. Επομένως, είναι σημαντικό να τις γνωρίζουμε, προκειμένου να τις καταστήσουμε δύναμη στον οργανισμό μας. Κάντε στον εαυτό σας τις εξής ερωτήσεις:

- "Ποια είναι τα 'βοηθητικά' μου όρια, αυτά που με προστατεύουν, διατηρούν την ενέργειά μου και μου επιτρέπουν να είμαι σε αρμονία με τον εαυτό μου και να εξελίσσομαι;"

  - Παράδειγμα: Δέχομαι σωματική επαφή, όπως ένα χέρι στον ώμο μου, μόνο από τους πολύ στενούς μου φίλους.

- "Από την *άλλη πλευρά*, ποια είναι τα 'περιοριστικά' μου όρια, αυτά που με μπλοκάρουν και με εμποδίζουν να προχωρήσω μπροστά;"

  - Παράδειγμα: Συνήθως αρνούμαι να μιλήσω σε ομαδικές συναντήσεις, προτιμώντας να αφήσω τους άλλους να συζητήσουν.

- "Ποια όρια θέτω για τους άλλους; Τις διατυπώνω με σαφήνεια;

- "Τι κάνω όταν κάποιος ξεπερνά τα όριά μου; Αντιδρώ με τρόπο που να τους κάνει να καταλάβουν;

Απαντώντας σε αυτές τις ερωτήσεις και ορίζοντας αυτά τα στοιχεία, θα είστε ξεκάθαροι με τον εαυτό σας και ξεκάθαροι στις ενέργειές σας. Θα είστε ένας αξιόπιστος οδηγός για συνεκτική και οργανωμένη δράση.

Είναι επίσης απαραίτητο να θέτετε αυτά τα όρια μπροστά σε άλλους, προκειμένου να συμφωνείτε με το επαγγελματικό σας περιβάλλον. Για το σκοπό αυτό, απαιτείται μια βασική σχεσιακή δεξιότητα: "να ξέρεις να λες όχι". Ο Jacques Salomé, Γάλλος ψυχοκοινωνιολόγος και συγγραφέας, μας λέει ότι "το να τολμάς να λες 'όχι' στους άλλους είναι σαν να τολμάς να λες 'ναι' στον εαυτό σου". Η ικανότητα να λέτε όχι είναι ένα από τα κλειδιά της καλής προσωπικής οργάνωσης και συμβάλλει στην προσωπική ολοκλήρωση. Το να λέτε όχι σε ορισμένα πράγματα σας αποτρέπει από το να υποτάσσεστε στους άλλους και σας επιτρέπει να είστε συνεπής με τον εαυτό σας: σας βοηθά να διακρίνετε τις δικές σας ανάγκες από τις ανάγκες των άλλων. Και το να λέτε "όχι" είναι πολύ πιο εύκολο αν είστε ξεκάθαροι για τις ανάγκες στις οποίες λέτε "ναι"!

 ## ΜΗΝ ΚΑΝΕΤΕ ΛΑΘΟΣ

Το να είστε διαθέσιμοι για τους άλλους είναι προφανώς ένα σπουδαίο προσόν, αλλά μόνο αν δεν σας εμποδίζει να κάνετε αυτό για το οποίο σας προσέλαβε η εταιρεία. Επιπλέον, ένα άτομο που μπορεί να πει "όχι" σε ορισμένα αιτήματα με διακριτικότητα και αποφασιστικότητα δίνει μεγαλύτερη αξία στο "ναι" του και θα αναγνωριστεί και θα εκτιμηθεί περισσότερο γι' αυτό. Αυτό δεν αποτελεί ένδειξη διαφωνίας ή σύγκρουσης, αλλά ένδειξη διαφοράς, ανοίγματος στη δυνατότητα μιας γνήσιας ανταλλαγής.

Η ΣΧΕΣΗ ΜΕ ΤΟ ΧΡΟΝΟ

Καλές πρακτικές και πηγές αναποτελεσματικότητας

Ο καθένας έχει τη δική του αντίληψη του χρόνου. Επομένως, είναι σημαντικό να κάνετε έναν απολογισμό της προσωπικής σας σχέσης με τον χρόνο και τον τρόπο με τον οποίο τον διαχειρίζεστε. Καταγράφοντας τα δυνατά και αδύνατα σημεία σας, θα μπορέσετε να εντοπίσετε τις καλές πρακτικές που έχετε αποκτήσει, αλλά και τις πηγές αναποτελεσματικότητας στον τρόπο εργασίας σας.

Αυτό θα σας επιτρέψει να αναδείξετε τα δυνατά σημεία, όπως το να είστε πάντα συνεπείς στις συναντήσεις στις οποίες καλείστε, και τις αδυναμίες, όπως το να εργάζεστε πάντα βιαστικά, γεγονός που σας κάνει να αισθάνεστε ότι βιάζεστε να διεκπεραιώσετε τη δουλειά σας.

- Για κάθε αδυναμία που εντοπίζεται, αναρωτηθείτε ποια είναι η αιτία. Σε αυτή την περίπτωση, το πρόβλημα μπορεί να είναι ότι ξεχνάτε να ασχοληθείτε με ορισμένες εργασίες νωρίτερα: βασίζεστε στη μνήμη σας, αλλά αυτή σας κοροϊδεύει! Τώρα είστε σε θέση να δώσετε λύση στο πρόβλημά σας, καθορίζοντας μια ακριβή και μετρήσιμη δράση: τη χρήση ενός βοηθήματος που σας επιτρέπει να θυμάστε γεγονότα ή πράγματα που πρέπει να γίνουν σε μια συγκεκριμένη χρονική στιγμή, για παράδειγμα. Το μόνο που έχετε να κάνετε είναι να επιλέξετε το μέσο που ταιριάζει καλύτερα στον τρόπο εργασίας σας: σημειώσεις post-it, σημειωματάρια, ηλεκτρονικά ημερολόγια ή οποιοδήποτε άλλο εργαλείο της επιλογής σας που είναι πρακτικό και εύκολα προσβάσιμο.

- Όσο για τις καλές πρακτικές που έχετε εντοπίσει, να τις γνωρίζετε και να μη διστάσετε να τις αξιοποιήσετε για να βρείτε λύσεις στις πηγές αναποτελεσματικότητας. Όπως λέει αυτό το *κοάν* (φράση για διαλογισμό) από τον Βουδισμό Ζεν: "Αυτό που σου λείπει, αναζήτησε αυτό που έχεις".

Ο βιολογικός ρυθμός

Είναι πλέον επιστημονικά αποδεδειγμένο: έχουμε εσωτερικούς ρυθμούς που είναι καλό να γνωρίζουμε και να ακούμε. Κατά τη διάρκεια μιας ημέρας, η θερμοκρασία του σώματός μας μεταβάλλεται σε ένταση, όπως και η μυϊκή μας δύναμη και η εγκεφαλική μας δραστηριότητα. Έτσι, όλες οι λειτουργίες του σώματός μας λειτουργούν με σκαμπανεβάσματα.

Αν και αναγνωρίζεται ότι η αποδοτικότητα είναι καλύτερη κατά τη διάρκεια της ημέρας μεταξύ 10 και 11 π.μ. και μεταξύ 3.30 και 4.30 μ.μ., αφιερώστε χρόνο για να προσδιορίσετε τις ώρες αιχμής και αποτελεσματικότητας, κατά τις οποίες η πνευματική δραστηριότητα είναι πολύ έντονη, και τις ώρες εκτός αιχμής, κατά τις οποίες οι φυσιολογικές σας ανάγκες – πείνα, κόπωση κ.λπ. – μειώνουν την απόδοσή σας. – Αυτές είναι οι στιγμές κατά τις οποίες οι φυσιολογικές σας ανάγκες – πείνα, κόπωση κ.λπ. – μειώνουν την απόδοσή σας. Η παρατήρησή της συμπεριφοράς σας κατά τη διάρκεια μιας ημέρας θα είναι η πιο αποτελεσματική μέθοδος για την αποτίμηση αυτών των περισσότερο ή λιγότερο παραγωγικών περιόδων.

Για να κάνετε τον βιολογικό σας ρυθμό πλεονέκτημα στον οργανισμό σας, λάβετε υπόψη σας αυτούς τους κύκλους για να κατανέμετε τις διάφορες εργασίες που πρέπει να εκτελέσετε μέσα στην ημέρα. Στη συνέχεια, μπορείτε απλώς να προγραμματίσετε τις εργασίες που απαιτούν υψηλό επίπεδο πνευματικής διαθεσιμότητας κατά τη διάρκεια των χρονικών περιόδων που γνωρίζετε ότι έχετε πλήρη επίγνωση των ικανοτήτων σας. Αυτό θα σας κάνει πιο αποδοτικούς.

ΠΑΡΑΣΙΤΑ

Αυτοί που μολύνουν το εργασιακό περιβάλλον

Οι εξωτερικοί περισπασμοί επηρεάζουν την απόδοση στην εργασία. Σε αυτές περιλαμβάνονται, όπως είναι φυσικό, εκείνες που ενοχλούν τις αισθήσεις μας: θόρυβος, θερμοκρασία, κακή εργονομία του χώρου εργασίας κ.λπ. Βεβαιωθείτε ότι το περιβάλλον σας δεν διαταράσσει τη συγκέντρωσή σας. Αερίστε το γραφείο σας τουλάχιστον μία φορά την ημέρα και μη διστάσετε να κλείσετε την πόρτα ή να βάλετε μουσική στα αυτιά σας για να απομονωθείτε όταν το χρειάζεστε.

 **ΜΙΚΡΟ ΣΥΝ**

Κάντε το χώρο εργασίας σας σπίτι σας: κατά τη διάρκεια της εβδομάδας περνάτε τον περισσότερο χρόνο σας εκεί, οπότε δώστε του κάτι οικείο και άνετο, όπως ένα μικρό φυτό ή ένα προσωπικό αντικείμενο στο γραφείο σας.

Επαγγελματικές αλληλεπιδράσεις

Καθώς έχουμε συνεχή ζήτηση (τηλέφωνα, ηλεκτρονικά μηνύματα, αιτήματα για βοήθεια κ.λπ.), είναι σχετικά σπάνιο να μη μας διακόπτουν στην εργασία μας. Πρέπει να είμαστε συνεχώς ανοιχτοί στους άλλους, οπότε είναι συχνά πολύ δύσκολο να εκτελέσουμε μια δράση από την αρχή μέχρι το τέλος χωρίς να πρέπει να ανταποκριθούμε σε εξωτερικά αιτήματα.

Για παράδειγμα, υπάρχει μεγάλος πειρασμός να ελέγξετε αμέσως το περιεχόμενο ενός ηλεκτρονικού ταχυδρομείου μόλις το λάβετε, ακόμη και να απαντήσετε σε αυτό. Ωστόσο, είναι προτιμότερο να αφιερώσετε χρόνο για να απαντήσετε σωστά σε κάθε μήνυμα, παρά να το αντιμετωπίσετε εν συντομία ή να δώσετε μια μερική ή μη βοηθητική απάντηση, όπως: "Θα το ελέγξω και θα επικοινωνήσω μαζί σας. Ο συνομιλητής σας μπορεί να χαρεί που βλέπει ότι το αίτημά του εξετάζεται, αλλά δεν θα έχει ακόμα την απάντησή του και πιθανότατα θα έχει διακόψει μια εργασία για να διαβάσει το μήνυμά σας, όπως ακριβώς θα έχετε κάνει και εσείς για να απαντήσετε.

 ## ΤΙ ΠΡΕΠΕΙ ΝΑ ΓΙΝΕΙ ΣΥΓΚΕΚΡΙΜΕΝΑ;

Ξεκινήστε με τη θέσπιση κανόνων για τη χρήση των εργαλείων επικοινωνίας. Για παράδειγμα, επιλέξτε να ελέγχετε τα εισερχόμενά σας το πολύ τέσσερις ή πέντε φορές την ημέρα, σε λίγο πολύ τακτά χρονικά διαστήματα: το πρωί όταν φτάνετε, στα μέσα του πρωινού, όταν επιστρέφετε από το μεσημεριανό γεύμα, στα μέσα του απογεύματος και το βράδυ 30 λεπτά πριν φύγετε.

Αυτή η συμβουλή ισχύει και για τη χρήση ενός smartphone: η κατοχή ενός smartphone δεν σημαίνει ότι πρέπει να είστε διαθέσιμοι όλη την ώρα. Εξάλλου, τα φωνητικά μηνύματα κάνουν πολύ καλά τη δουλειά τους! Θα ακούσετε τα μηνύματά σας και θα σας καλέσετε ξανά όταν ολοκληρώσετε την εργασία στην οποία επικεντρώνεστε. Και πάλι, η απάντηση που θα μπορέσετε να δώσετε θα είναι καλύτερης ποιότητας αν το μυαλό σας δεν είναι απασχολημένο με κάτι άλλο.

Στρες

Δεν προέρχονται όλα τα παράσιτα από το εξωτερικό- ορισμένα πολύ δυσλειτουργικά είναι κρυμμένα μέσα μας. Το πιο διαδεδομένο και πιο ολέθριο από όλα είναι αναμφίβολα το άγχος.

Το άγχος είναι μια δραματοποίηση του μέλλοντος. Όταν είμαστε στρεσαρισμένοι, επηρεάζεται η ψυχική μας κατάσταση: οι συμπεριφορές, τα συναισθήματα και οι διαθέσεις μας μπορεί να μεταβληθούν από λογικές σε παράλογες και οι ενέργειές μας να χάσουν τη συνοχή τους, μερικές φορές σε σημείο πλήρους παράλυσης.

Το άγχος στη δουλειά δεν χρειάζεται να αποτελεί πρόβλημα, μπορείτε να το αντιμετωπίσετε. Το κλειδί είναι να είστε ξεκάθαροι σχετικά με το τι είναι και τι δεν είναι δική σας ευθύνη. Φανταστείτε τρεις ζώνες γύρω σας στις οποίες θα τοποθετήσετε τις εργασίες που πρέπει να εκτελέσετε:

• την περιοχή αντίκτυπού σας. Αυτή είναι η περιοχή που βρίσκεται πιο κοντά σας, όπου οι αποφάσεις και οι πράξεις σας έχουν άμεσο αντίκτυπο,

- τη ζώνη επιρροής σας. Λίγο πιο μακριά από εσάς, μπορείτε να δράσετε σε αυτή την περιοχή, αλλά δεν θα επηρεάσετε άμεσα τον στόχο. Ωστόσο, οι ενέργειές σας μπορούν να επηρεάσουν τον στόχο,

- τη ζώνη που δεν επηρεάζει. Αυτή η περιοχή είναι πολύ μακριά από εσάς, δεν έχετε κανέναν έλεγχο για το τι θα συμβεί εκεί, ό,τι κι αν αποφασίσετε να κάνετε.

Κάθε περιοχή είναι ευαίσθητη στο στρες, ακόμη και η πιο απομακρυσμένη περιοχή. Ωστόσο, το τελευταίο είναι πέρα από τις δυνατότητές σας: δεν μπορείτε να κάνετε τίποτα για να αλλάξετε την κατάσταση. Επομένως, είναι καλύτερο να σταματήσετε να ανησυχείτε και να επικεντρωθείτε στους τομείς του αντίκτυπου και της επιρροής σας. Κάνοντας όσο το δυνατόν περισσότερα σε αυτούς τους τομείς, θα μπορέσετε να διοχετεύσετε καλύτερα τη συναισθηματική σας διαδικασία και, κατά συνέπεια, να αποτρέψετε την αύξηση του άγχους.

Ένα παράδειγμα: πετάτε για να συναντήσετε πολλούς σημαντικούς πελάτες σε άλλη χώρα και η πτήση σας καθυστερεί κατά δύο ώρες, γεγονός που αναπόφευκτα σας κάνει να αργήσετε για όλη την ημέρα. Αντί να αρχίσετε να τρώτε τα νύχια σας, συνειδητοποιήστε ότι αυτή η καθυστέρηση δεν είναι στο χέρι σας: δεν μπορείτε να κάνετε τίποτα για να κάνετε το αεροπλάνο να φθάσει πιο γρήγορα (ζώνη χωρίς επιπτώσεις). Το τι θα κάνετε κατά τη διάρκεια αυτού του χρόνου αναμονής εξαρτάται αποκλειστικά από εσάς (ζώνη πρόσκρουσης). Επικεντρωθείτε λοιπόν σε αυτό και μην ασκείτε περιττή πίεση στον εαυτό σας για μια καθυστέρηση που δεν είναι δικό σας λάθος.

ΔΙΑΤΗΡΗΣΤΕ ΤΗΝ ΨΥΧΡΑΙΜΙΑ ΣΑΣ

- Κοιτάξτε τα πράγματα όπως είναι, χωρίς συναισθηματική παρέμβαση: διαχωρίστε τα αντικειμενικά γεγονότα από τα συναισθήματά σας γι' αυτά.

- Να βρίσκεστε στο παρόν: με αυτόν τον τρόπο αποφεύγετε την πρόβλεψη ενός πιθανού αρνητικού αποτελέσματος που θα σας στρεσάρει εκ των προτέρων. Αντί να σκέφτεστε: "Αν κάνω αυτό, μπορεί να συμβεί αυτό", πείτε στον εαυτό σας: "Ενεργώ σήμερα με τον τάδε έγκυρο στόχο, αναμένοντας το τάδε αποτέλεσμα", και να έχετε κατά νου ότι κανείς δεν μπορεί να προβλέψει τα πάντα.

Αναβλητικότητα

Η αναβλητικότητα είναι ένα σύμπτωμα αναβολής για αύριο αυτού που θα μπορούσε ή θα έπρεπε να γίνει σήμερα. Αυτή η τέχνη της αναβλητικότητας εμφανίζεται κυρίως όταν υπάρχουν πάρα πολλά πράγματα που πρέπει να γίνουν στο ίδιο χρονικό διάστημα ή όταν πρέπει να κάνουμε κάτι που είναι αντίθετο με τις αξίες μας. Καταλήγουμε να σκεφτόμαστε συνεχώς τι πρέπει να κάνουμε, χωρίς να βρίσκουμε την ενέργεια να το κάνουμε.

Ξεκινήστε με το να θυμάστε αυτή την αρχή: αν έχετε όλες τις πληροφορίες που χρειάζεστε, το να ενεργήσετε αμέσως είναι πάντα πιο γρήγορο και συχνά πολύ πιο αποτελεσματικό από το να σχεδιάσετε να το κάνετε αργότερα.

Τώρα, αν είναι απολύτως απαραίτητο να αναβάλλετε πράγματα, η καλύτερη λύση είναι να μετατρέψετε αυτή την τάση για αναβλητικότητα σε ένα θετικό και δημιουργικό εργαλείο, εξετάζοντας τις μελλοντικές συνέπειες της αναβολής κάθε ενέργειας σε εσάς και στο επαγγελματικό σας περιβάλλον. Αυτό θα σας διευκολύνει στην ιεράρχηση των προτεραιοτήτων. Αναρωτηθείτε ποια αναβολή είναι πιθανό να έχει τον μεγαλύτερο αντίκτυπο και επικεντρωθείτε σε αυτή την εργασία, αφήνοντας τις άλλες για αργότερα.

 **ΠΡΟΣΟΧΗ!**

Μην ξεχάσετε να διαθέσετε λίγο χρόνο μέσα στην εβδομάδα ή το μήνα για να κάνετε όλα αυτά τα μικρά πράγματα που αναβάλλετε, χωρίς δικαιολογίες αυτή τη φορά!

ΙΕΡΑΡΧΗΣΗ ΚΑΘΗΚΟΝΤΩΝ

Έχοντας διερευνήσει τους εσωτερικούς παράγοντες για την ανάπτυξη της προσωπικής σας οργάνωσης, είναι τώρα σημαντικό να ιεραρχήσετε τα καθήκοντά σας. Ορισμένες εργασίες πρέπει να γίνονται πριν από άλλες λόγω της προτεραιότητάς τους. Αυτό φαίνεται προφανές, αλλά δεν είναι τόσο εύκολο να εφαρμοστεί, διότι είναι θέμα γνώσης του τρόπου διάκρισης μεταξύ του σημαντικού και του επείγοντος και του να μην συγχέεται η ταχύτητα με την αποτελεσματικότητα.

Είναι ευκολότερο να το κάνετε βήμα προς βήμα. Και πάλι, κάνοντας ένα βήμα τη φορά, θα κάνετε μεγάλα βήματα προς τα εμπρός και, κυρίως, προς τη σωστή κατεύθυνση.

- Για κάθε έργο στο οποίο εμπλέκεστε, ξεκινήστε προσδιορίζοντας με σαφήνεια τα καθήκοντα που αποτελούν προσωπική σας ευθύνη. Διαχωρίστε όσο το δυνατόν περισσότερο τις απαιτητικές και πολύπλοκες δραστηριότητες σε πιο διαχειρίσιμα μέρη.

 ΜΙΚΡΟ ΣΥΝ

Για κάθε έργο, κάντε στον εαυτό σας τις ακόλουθες τρεις ερωτήσεις:

- Ποιος είναι ο ρόλος μου;

- Ποια είναι η ευθύνη μου;

- Ποιες συγκεκριμένες δράσεις πρέπει να αναληφθούν;

- Καταγράψτε τα, είτε σε ένα απλό κενό φύλλο χαρτί είτε σε έναν πίνακα που έχει φτιαχτεί με λογισμικό, ώστε να γνωρίζετε την έκταση των ενεργειών που πρέπει να γίνουν για κάθε έργο. Για να είναι αποτελεσματικός αυτός ο κατάλογος, κάθε εργασία θα πρέπει να αρχίζει με ένα ρήμα που καλεί σε δράση.

- Στη συνέχεια, κατατάξτε τις εργασίες ανάλογα με τον επείγοντα χαρακτήρα και τη σημασία τους, δίνοντας σε καθεμία έναν αύξοντα αριθμό. Αυτό θα σας επιτρέψει να λάβετε υπόψη σας τη λογική της χρονολογίας των γεγονότων και το τι ταιριάζει με τις αξίες σας, αλλά και τις προσδοκίες και τις ανάγκες των εργαζομένων και της διοίκησης. Για παράδειγμα: Αρ. 1 – Επικοινωνία με τους προμηθευτές, Αρ. 2 – Προσδιορισμός των αναγκών των πελατών κ.λπ.

- Τώρα πρέπει να προγραμματίσετε τις εργασίες σε βάθος χρόνου, υπολογίζοντας περίπου πόσος χρόνος θα χρειαστεί για την ολοκλήρωση της καθεμιάς. Είναι σημαντικό να διατηρείτε το χρονοδιάγραμμά σας ενημερωμένο, αφήνοντας στον εαυτό σας περιθώρια ελιγμών για να αντιμετωπίσετε τα απρόοπτα. Για παράδειγμα: Δευτέρα και Τρίτη – Επικοινωνία με προμηθευτές, Τετάρτη – Προσδιορισμός αναγκών κ.λπ. Επανεξετάστε τον προγραμματισμό σας όσο συχνά χρειάζεται.

Εάν δυσκολεύεστε να προγραμματίσετε ορισμένες ενέργειες επειδή όλες φαίνονται επείγουσες, επιστρέψτε στο προηγούμενο βήμα και επανεξετάστε την ταξινόμηση, εάν είναι απαραίτητο. Αναρωτηθείτε αν μια εργασία δεν μπορεί να περιμένει μέχρι την επόμενη ημέρα ή την επόμενη εβδομάδα. Αν χρειαστεί και αν το θεωρείτε αποδεκτό, μη διστάσετε να ζητήσετε από τον πελάτη σας ή τον προϊστάμενό σας παράταση το συντομότερο δυνατό.

Να είστε υπεύθυνοι για τον εαυτό σας και να προσπαθείτε να ολοκληρώνετε τις εργασίες που έχετε προγραμματίσει για κάθε μέρα. Το όφελος θα είναι άμεσο: ένα αίσθημα έντονης ικανοποίησης από τη δουλειά που κάνατε. Και αν συνειδητοποιήσετε ότι έχετε μείνει πίσω, επιστρέψτε στο πρόγραμμά σας και προσαρμόστε το στην πραγματικότητα.

ΜΑΘΕΤΕ ΠΩΣ ΝΑ ΑΝΑΘΕΤΕΤΕ!

Τώρα που έχετε ένα σαφές όραμα για το έργο που έχετε μπροστά σας, ίσως συνειδητοποιήσετε ότι θα χρειαστεί να αξιοποιήσετε και άλλους πόρους εκτός από τους δικούς σας, αν θέλετε να ολοκληρώσετε τα πάντα εγκαίρως.

Πράγματι, η ανάθεση επιτρέπει την καλύτερη κατανομή του φόρτου εργασίας και ενθαρρύνει την ανάληψη πρωτοβουλιών. Επιτρέπει την ανάπτυξη πραγματικής ομαδικής εργασίας, τη βελτίωση της παραγωγικότητας και μια μορφή αναγνώρισης για όλους. Με την ανάθεση, καθορίζετε τον ρόλο σας, τοποθετείτε τον εαυτό σας σε σχέση με τους άλλους και έτσι ενθαρρύνετε την υπευθυνότητα. Αποτελεί, επομένως, ουσιαστικό στοιχείο της δικής σας οργάνωσης και της οργάνωσης μιας εταιρείας.

Ο Pierre-Marie Gadonneix μας λέει σχετικά:

> *"Αντιγράφω όλα τα μηνύματα ηλεκτρονικού ταχυδρομείου, αλλά δεν παρεμβαίνω αν οι παραλήπτες δεν μου το ζητήσουν άμεσα. Αναθέτω την ευθύνη, πράγμα που με τη σειρά του μου επιτρέπει να απελευθερώσω χρόνο για να κάνω πίσω και να ασχοληθώ με λιγότερο λειτουργικές πτυχές.*

"Τι μπορώ να αναθέσω;"

Ο πίνακας Αϊζενχάουερ συμβάλλει στην απάντηση αυτού του ερωτήματος. Αναλάβετε εσείς οι ίδιοι τα καθήκοντα που θεωρείτε επείγοντα και σημαντικά, αλλά μη διστάσετε να αναθέσετε σε άλλους τα σημαντικά αλλά λιγότερο επείγοντα ή τα επείγοντα αλλά όχι πολύ σημαντικά.

Λάβετε υπόψη σας ότι η ανάθεση απαιτεί επίσης χρόνο για τον προγραμματισμό και την επικοινωνία, οπότε είναι προτιμότερο να αναθέτετε απευθείας βαριές ή επαναλαμβανόμενες εργασίες, οι οποίες δικαιολογούν τον χρόνο που απαιτείται εκ των προτέρων.

"Σε ποιον να αναθέσω;"

Για να εντοπίσετε το κατάλληλο άτομο για να αναθέσετε ένα έργο, είναι επίσης απαραίτητο να προχωρήσετε βήμα προς βήμα:

- αξιολογεί το έργο που πρόκειται να ανατεθεί ,

- προσδιορίστε τις δεξιότητες και τις αρμοδιότητες που απαιτούνται για την υλοποίησή του,

- επιλέξτε ένα ικανό και με κίνητρα άτομο. Μπορείτε επίσης απλά να λάβετε υπόψη τις δυνατότητές τους, ακόμη και αν αυτό σημαίνει ότι θα τους δώσετε πρόσθετη εκπαίδευση.

 **ΝΑ ΑΠΟΦΕΥΓΕΤΑΙ**

Μην αναθέτετε στα τυφλά. Εάν βασίζετε την απόφασή σας σε μια πρόχειρη και υποκειμενική εκτίμηση ενός συναδέλφου και υποθέτετε ότι θα είναι ευχαριστημένος με την ανάθεση, κινδυνεύετε να χάσετε χρόνο αντί να τον εξοικονομήσετε, εάν αποδειχθεί ότι κάνατε λάθος και πιθανόν να χρειαστεί να ξαναδείτε την εργασία.

"Πώς να αναθέτετε σωστά;"

Η επιτυχής ανάθεση απαιτεί κατάλληλη επικοινωνία. Για να το πετύχετε αυτό, βασιστείτε σε αυτούς τους τρεις τρόπους επικοινωνίας:

- *αναφορές* ή *πληροφορίες από κάτω προς τα πάνω* από τον εργαζόμενο προς τον πελάτη,

- ενημέρωση ή ανταλλαγή πληροφοριών στο ίδιο επίπεδο για τους διάφορους συνομιλητές,

- τον ισολογισμό ή πληροφορίες από πάνω προς τα κάτω από τον εντολέα προς τον εργαζόμενο.

Μέσω αυτών των τεχνικών, θα είστε σε θέση να αναθέσετε ένα έργο αποτελεσματικά ακολουθώντας τα παρακάτω βήματα:

- Καθορίστε έναν σαφή και ακριβή στόχο που πρέπει να επικοινωνείται και να γίνεται σεβαστός. Αυτό απαιτεί αμοιβαία δέσμευση για σαφώς καθορισμένα μέσα και ευθύνες,

- Η ανάθεση πρέπει να είναι σύμφωνη με τον στόχο και σε αρμονία με τις προσδοκίες του εργαζομένου, σεβόμενη παράλληλα τα συμφέροντά του. Η ανταλλαγή πρέπει να είναι αμοιβαία επωφελής. Αναθέτετε μια εργασία προκειμένου να επιτύχετε έναν στόχο που σας έχει τεθεί. Ο εργαζόμενος θα πρέπει επίσης να ωφεληθεί από αυτό: να αισθάνεται ότι είναι το κατάλληλο πρόσωπο για την εκτέλεση αυτού του έργου, να μπορεί να δείξει την επένδυση και τις δεξιότητές του, αλλά και να αποδείξει ότι είναι ικανός να ξεπεράσει τον εαυτό του. Να έχετε επίγνωση των πιθανών αντιστάσεων καθώς και του υπερβολικού ενθουσιασμού και να τις αντιμετωπίζετε με την απαραίτητη κατανόηση ή/και αποφασιστικότητα,

- να διασφαλίζει την παρακολούθηση, δηλαδή την παρακολούθηση, η οποία πρέπει να πραγματοποιείται τακτικά, χωρίς να είναι ασφυκτική. Η παρακολούθηση καθιστά δυνατή την τροποποίηση μιας δράσης που έχει αναληφθεί, εάν είναι απαραίτητο, την παροχή συγχαρητηρίων, τη λήψη πρόσθετων μέτρων, την προσθήκη ή την απόσυρση πόρων κ.λπ,

- Από την άλλη πλευρά, εξορίστε από τη συμπεριφορά σας τη στάση "το κάνω αντί γι' αυτό". Έχετε τον δικό σας τρόπο να κάνετε τα πράγματα και ο συνάδελφός σας μπορεί να έχει έναν ελαφρώς διαφορετικό. Αφήστε με! Το σημαντικό είναι ότι ο εργαζόμενος κατανοεί τον στόχο που έχετε θέσει και όλες τις παραμέτρους για την επίτευξή του,

- να δίνετε προσοχή στην επικοινωνία σας, είτε πρόκειται για προγενέστερη, είτε για μεταγενέστερη, είτε κατά τη διάρκεια της εκτέλεσης της ανατεθείσας εργασίας. Έχετε προετοιμάσει το έδαφος για την αντιπροσωπεία σας; Η επικοινωνία που έχετε δημιουργήσει εκ των προτέρων θα είναι χρήσιμη κατά τη διάρκεια και μετά την εργασία,

- Μην ξεχάσετε να ολοκληρώσετε την εμπειρία με μια ανασκόπηση μετά την αποχώρηση. Η παροχή ανατροφοδότησης στον εργαζόμενο σχετικά με την εμπειρία είναι υψίστης σημασίας για την εκτίμηση και τη δέσμευσή του στην εταιρεία,

👁 ΝΑ ΑΠΟΦΕΥΓΕΤΑΙ

- Ποτέ μην αναθέτετε βιαστικά: κινδυνεύετε να παραλείψετε ένα βήμα ή να μην επικοινωνήσετε σωστά τον στόχο.

- Μην είστε τελειομανής: αφήστε να περάσει μια μέθοδος που μπορεί να είναι διαφορετική από τη δική σας, αλλά εξίσου αποτελεσματική. Ο υπερβολικός έλεγχος οδηγεί σε αποδυνάμωση και απομάκρυνση από την κινητοποίηση.

ΚΟΡΥΦΑΙΕΣ ΣΥΜΒΟΥΛΕΣ

- Αποφύγετε την ακαταστασία, είναι ο εχθρός της οργάνωσης: ταξινομήστε και πετάξτε τα καθώς προχωράτε. Ένα τακτοποιημένο γραφείο όταν φεύγετε το βράδυ είναι ένα φιλόξενο γραφείο το επόμενο πρωί για να ξεκινήσετε μια καλή μέρα.

- Σχεδιάστε τον σταθμό εργασίας σας εργονομικά. Ελαχιστοποιήστε τον αριθμό των μετακινήσεων που πρέπει να κάνετε, έχοντας κοντά σας τα αρχεία ή τα εργαλεία που χρειάζεστε πολλές φορές την ημέρα. Αποθηκεύστε τα πάντα με απλό και πρακτικό τρόπο, ώστε να μπορείτε να βρίσκετε γρήγορα αυτό που ψάχνετε. Για παράδειγμα, ένας φάκελος σε ένα φάκελο που βρίσκεται σε ένα ντουλάπι αρχείων που βρίσκεται σε ένα συρτάρι απαιτεί πάρα πολλές κινήσεις. Και οι πάρα πολλές κινήσεις είναι χάσιμο χρόνου, ενέργειας και συγκέντρωσης, αν απογοητεύεστε επειδή δεν μπορείτε να βρείτε μάταια το έγγραφο που ψάχνετε.

- Να είναι κατανοητό και κατανοητό για εσάς και το προσωπικό σας, τόσο στην προφορική όσο και στη γραπτή επικοινωνία σας: ένα όνομα αρχείου που ορίζεται σύμφωνα με μια κοινή ονοματολογία εξοικονομεί χρόνο για όλους.

- Αποσαφηνίστε τα σχέδιά σας και υποστηρίξτε τις προθέσεις σας προγραμματίζοντας συγκεκριμένους επιμέρους στόχους για να τους καταστήσετε σαφέστερους. Διαχωρίστε όσο το δυνατόν περισσότερο τις απαιτητικές και πολύπλοκες δραστηριότητες σε πιο εύκολα υλοποιήσιμα στοιχεία.

- Έχετε επίγνωση των ευθυνών σας. Η ανάληψη της ευθύνης για ένα έργο και ο καθορισμός των ορίων του θα σας αποτρέψει από το να πρέπει να αναλάβετε την ευθύνη άλλων για ολόκληρο το έργο, κάτι που αναπόφευκτα θα δημιουργήσει άγχος, καθώς δεν είναι δική σας ευθύνη.

- Ορίστε στο ημερολόγιό σας τα επαναλαμβανόμενα γεγονότα της εργασίας σας κατά τη διάρκεια του μήνα ή του έτους. Αυτό θα σας επιτρέψει να προβλέψετε και να προετοιμαστείτε για αυτές τις εργασίες.

- Σημειώστε μόνο τα απαραίτητα και επαγγελματικά πράγματα στο ημερολόγιό σας. Δεν θέλετε να επιβαρύνετε το πρόγραμμα εργασίας σας με την υπενθύμιση των γενεθλίων σας: αυτή η οπτική σύγχυση μπορεί να σας εξαντλήσει τα κίνητρα και την ενέργειά σας.

- Υπολογίστε το χρόνο που απαιτείται για την ολοκλήρωση των διαφόρων εργασιών σας. Όταν ξεκινάτε μια νέα εργασία, πρέπει να ξέρετε πόσο χρόνο θα αφιερώσετε σε αυτήν και να τον τηρήσετε. Αν δεν έχετε σαφή ιδέα, μη διστάσετε να καταγράψετε την ώρα που ξεκινάτε μια εργασία και την ώρα που την ολοκληρώνετε. Αυτό θα σας επιτρέψει να χρησιμοποιήσετε αυτή την εκτίμηση για την επόμενη φορά.

- Ακολουθώντας την ίδια ιδέα, θέστε στον εαυτό σας *προθεσμίες*: αυτό θα σας επιτρέψει να καταρτίσετε ένα σχέδιο δράσης για την ημέρα ή την εβδομάδα σας σύμφωνα με τις προτεραιότητες.

- Προετοιμάστε τις συνεδριάσεις σας: ημερήσια διάταξη, κατάλογος συμμετεχόντων, ερωτήσεις, γλαφυρές ομιλίες κ.λπ.

- Να γνωρίζετε τους πόρους που χρειάζεστε για να είστε αποτελεσματικοί. Επιλέξτε τα σωστά εργαλεία και εκπαιδευτείτε στη χρήση τους: πολύ συχνά, η σπατάλη χρόνου και το άγχος είναι οι συνέπειες των εργαλείων που δεν είναι προσαρμοσμένα ή που δεν κατέχετε. Μη διστάσετε να ζητήσετε από το πιο έμπειρο προσωπικό να σας δώσει μερικά λεπτά άτυπης εκπαίδευσης σχετικά με τη χρήση ενός εργαλείου, αντί να συνεχίσετε να σκοντάφτετε στην ίδια ενέργεια κάθε μέρα.

- Κάντε διαλείμματα! Μπορεί να φαίνεται παράδοξο, αλλά κάνοντας ένα πεντάλεπτο διάλειμμα κάθε δύο ώρες μπορείτε να εξοικονομήσετε χρόνο. Ο εγκέφαλός σας δεν μπορεί να λειτουργεί σε πλήρη δυναμικότητα όλη την ημέρα. Δώστε του χρόνο για να επαναφορτιστεί και να επανέλθει στο σωστό δρόμο.

ΣΥΧΝΕΣ ΕΡΩΤΗΣΕΙΣ

ΑΠΟ ΠΟΥ ΝΑ ΞΕΚΙΝΗΣΩ;

Είναι σημαντικό να ξεκινήσετε με τον εαυτό σας. Η απομάκρυνση από τον εαυτό σας και τη δραστηριότητά σας είναι το κλειδί για τη δημιουργία μιας καλής οργάνωσης. Κάντε έναν απολογισμό των αξιών που σας φέρουν και των ορίων που δεν θέλετε να υπερβείτε.

Με βάση αυτές τις αξίες και τα όρια, θα είστε σε θέση να εντοπίσετε τις εργασίες που σας κινητοποιούν και στις οποίες είναι πιθανό να είστε πιο αποτελεσματικοί, καθώς και τις εργασίες που θα απαιτήσουν από εσάς επιπλέον προσπάθεια. Θα είστε επίσης σε θέση να δικαιολογήσετε ένα "όχι" σε ένα αίτημα που ξεπερνά τα όριά σας.

ΠΩΣ ΝΑ ΕΝΤΟΠΙΖΕΤΕ ΤΟΥΣ ΕΧΘΡΟΥΣ ΤΗΣ ΚΑΛΗΣ ΟΡΓΑΝΩΣΗΣ;

Για να εντοπίσετε αυτά τα παράσιτα που προέρχονται τόσο έξω όσο και μέσα μας, ξεκινήστε παρατηρώντας, ακούγοντας και νιώθοντας τα πράγματα γύρω σας.

- Είναι το κάθισμά σας ρυθμισμένο στο σωστό ύψος;

- Έχετε ρυθμίσει σωστά την οθόνη και το πληκτρολόγιό σας;

- Είναι το τηλέφωνό σας εύκολα προσβάσιμο; Είναι το ακουστικό κατάλληλο;

- Υπάρχει θόρυβος γύρω σας; Αν ναι, πώς μπορείτε να απομονωθείτε καλύτερα από αυτό;

- Η θερμοκρασία του δωματίου αποτελεί συχνά θέμα συζήτησης; Αν κάνει συχνά κρύο, έχετε μια ζακέτα να αφήσετε στην πλάτη της καρέκλας σας; Εάν κάνει συχνά ζέστη, σκέφτεστε να αερίσετε το δωμάτιο;

- κ.λπ.

Σιγά-σιγά, διορθώνοντας αυτά τα στοιχεία που μπορεί να φαίνονται λεπτομέρειες, θα αισθάνεστε ήδη πολύ πιο άνετα στο εργασιακό σας περιβάλλον. Αυτό είναι ένα από τα πρώτα βήματα προς την αποδοτικότητα.

Συνεχίστε αναλύοντας τις αλληλεπιδράσεις σας με τους άλλους (συναδέλφους, προϊσταμένους, πελάτες, προμηθευτές κ.λπ.): σας αποσπούν την προσοχή; Αν ναι, πώς μπορείτε να τις βελτιστοποιήσετε ώστε η συγκέντρωσή σας να υποφέρει όσο το δυνατόν λιγότερο; Βάλτε αυτές τις σκέψεις σε σχέση με τη χρήση των εργαλείων σας (υπολογιστής, φορητός υπολογιστής κ.λπ.): μπορείτε στη συνέχεια να εξισορροπήσετε αυτούς τους δύο άξονες μεταξύ τους.

Αν έχουν περάσει δύο μήνες από τότε που έπρεπε να γράψετε μια έκθεση ή να τακτοποιήσετε ένα κομμάτι εξοπλισμού που χρησιμοποιήθηκε στην τελευταία εκδήλωση, ήρθε η ώρα να πιάσετε τον ταύρο από τα κέρατα και να σταματήσετε χωρίς καθυστέρηση αυτές τις μικρές εργασίες που έχουν αναβληθεί χίλιες φορές.

Τέλος, μάθετε να διαβάζετε τα σημάδια του άγχους: διαταραγμένος ύπνος, ακόμη και συχνή αϋπνία, έντονη κόπωση, πόνος στην πλάτη, άγχος για το αύριο κ.λπ. Έχοντας επίγνωση

αυτών των παραμέτρων, θα είστε σε θέση να αντιδράσετε
προτού σας καταβάλουν.

ΠΩΣ ΜΠΟΡΕΙΤΕ ΝΑ ΡΥΘΜΙΣΕΤΕ ΤΟ ΑΓΧΟΣ ΠΟΥ ΣΑΣ ΕΜΠΟΔΙΖΕΙ ΝΑ ΕΡΓΑΣΤΕΙΤΕ;

Έχετε καθορίσει τι είναι και τι δεν είναι στη ζώνη επιρροής
σας, αλλά το άγχος συνεχίζει να σας κατακλύζει με το βουνό
των εργασιών που πρέπει να ολοκληρωθούν σε ένα ταχέως
συρρικνούμενο χρονικό πλαίσιο. Για να μπορέσετε να το ελέγ-
ξετε, ξεκινήστε εντοπίζοντας τις πηγές του στην εργασία σας:

- σχετίζεται με το περιεχόμενο του έργου σας; Υπερφόρτωση
  εργασίας, πολυπλοκότητα καθηκόντων, μονοτονία, επίπεδο
  ευθύνης, επίπεδο αυτονομίας, επαγγελματικοί κίνδυνοι,
  ρυθμός, πίεση κ.λπ,

- σχετίζεται με το εργασιακό σας περιβάλλον; Ατμόσφαιρα
  (θόρυβος, θερμοκρασία, φως κ.λπ.), σχεδιασμός του χώρου
  εργασίας, μέγεθος και δομή της εταιρείας, υγιεινή, συνά-
  δελφοι, προϊστάμενος κ.λπ.

Αφού εντοπίσετε τις πηγές άγχους, θα πρέπει να μάθετε να
αντιδράτε με ψυχραιμία σε αυτές. Για να το κάνετε αυτό,
είναι καλύτερο να οργανωθείτε ώστε να παραμείνετε σε μια
ζώνη άνεσης, η οποία περιλαμβάνει τρία πράγματα:

- ασφάλεια. Επιλέξτε πρώτα τις διαδρομές στις οποίες
  αισθάνεστε ασφαλείς, ώστε να ανακτάτε σιγά-σιγά την
  αυτοπεποίθησή σας,

- νομιμότητα. Αν σας ζητηθεί να υιοθετήσετε μια νέα συμπε-
  ριφορά που δεν θεωρείτε θεμιτή, μην αλλάξετε. Κάθε

αλλαγή πρέπει να συνδέεται στενά με τις αξίες σας για να είναι επιτυχής,

- ανάπαυση. Όπου έχετε κάνει το πρώτο βήμα, έχετε χτίσει μια σταθερή βάση για να κάνετε το δεύτερο βήμα. Επομένως, η επιλογή της εύκολης λύσης αποτελεί εγγύηση επιτυχίας!

Και τώρα, αναλάβετε δράση! Επικεντρωθείτε στην επόμενη ενέργεια που πρέπει να γίνει και όχι στην τελική εργασία που πρέπει να γίνει ή στον τελικό στόχο που πρέπει να επιτευχθεί. Για να το κάνετε αυτό, σκεφτείτε με όρους ΔΡΑΣΕΩΝ! Αντί να κοιτάτε το βουνό μπροστά σας, επικεντρωθείτε σε απτά γεγο- νότα: σχεδιάστε συγκεκριμένες και γρήγορα υλοποιήσιμες εργασίες, όπως: "Μάθετε για τους ανταγωνιστές" ή: "Κάντε μια πρώτη επιλογή από τις αιτήσεις που έχετε λάβει". Μόλις το κάνετε αυτό, προχωρήστε στο επόμενο, και ούτω καθεξής. Σιγά-σιγά, η εργασία θα προχωρήσει και το άγχος θα μειωθεί.

ΠΟΙΟΣ ΕΙΝΑΙ Ο ΡΟΛΟΣ ΤΗΣ ΑΝΑΘΕΣΗΣ ΣΤΗΝ ΟΡΓΑΝΩΣΗ ΤΗΣ ΕΡΓΑΣΙΑΣ;

Η ανάθεση ορισμένων από τις λιγότερο σημαντικές ή λιγότερο επείγουσες εργασίες απελευθερώνει χρόνο για εκείνες που πραγματικά αξίζει να κάνετε εσείς. Μπορείτε επίσης να απο- φασίσετε να αναθέσετε καθήκοντα για τα οποία είστε λιγό- τερο ικανοί από κάποιον συνάδελφό σας. Αυτό θα εξοικονομήσει χρόνο για όλους: για εσάς προσωπικά, αλλά και για το έργο γενικότερα.

Η ικανότητα αποτελεσματικής ανάθεσης αρμοδιοτήτων αποτελεί επομένως βασικό στοιχείο της καλής οργάνωσης στην εργασία. Για να το κάνετε αυτό :

- Αξιολογήστε το έργο και τις απαιτούμενες δεξιότητες προκειμένου να επιλέξετε το κατάλληλο άτομο για τη θέση εργασίας,

- Καθορίστε μαζί της έναν σαφή και ακριβή στόχο και, στη συνέχεια, δώστε της το ελεύθερο περιθώριο να εκτελέσει το έργο, εξασφαλίζοντας παράλληλα τακτική παρακολούθηση,

- Διανέμετε τις πληροφορίες πριν, κατά τη διάρκεια και μετά την αντιπροσωπεία, χρησιμοποιώντας την *αναφορά*, την ενημέρωση και την απολογισμό,

- Μετρήστε τα επιτεύγματα παρέχοντας μια έκθεση, η οποία θα σας επιτρέψει να δώσετε σημάδια αναγνώρισης στον υπάλληλό σας και έτσι να επηρεάσετε τα κίνητρά του.

ΟΡΓΑΝΩΣΗ ΚΑΙ ΕΠΙΚΟΙΝΩΝΙΑ: ΔΥΟ ΑΔΙΑΧΩΡΙΣΤΑ;

Αν θέλετε να υλοποιήσετε ένα έργο που απαιτεί πολλές δεξιότητες, αν θέλετε να αναθέσετε αρμοδιότητες ή αν αντιμετωπίζετε μια σύγκρουση, θα πρέπει να επικοινωνήσετε. Επομένως, είναι απαραίτητο να είστε υπεύθυνοι για την επικοινωνία σας και να την ελέγχετε, ώστε να μην αποτελεί εμπόδιο στην οργάνωση.

Έτσι, το άνοιγμα προς τους άλλους, η ενεργητική ακρόαση, η ικανότητα ανάγνωσης της παραλεκτικής και μη λεκτικής γλώσσας, η αναδιατύπωση των πληροφοριών και η τέχνη των ερωτήσεων είναι από τα βασικά εργαλεία για την αποτελεσματική επικοινωνία.

Ορισμένες αρχές που πρέπει να έχετε κατά νου και να εφαρμόζετε

- Σκέφτομαι και εκτιμώ τον συνομιλητή μου.

- Κρατώ μια ορισμένη συναισθηματική απόσταση προκειμένου να διατηρήσω την ουδετερότητά μου.

- Ακούω τις ανάγκες που εξυπηρετούν μόνο την κατάσταση και βάζω τις άλλες στην άκρη. Με αυτόν τον τρόπο, παραμένω επικεντρωμένος στις καλές προθέσεις και διατηρώ καθαρό μυαλό.

- Είμαι σαφής στις προθέσεις μου, γεγονός που εμπνέει εμπιστοσύνη.

- Διατηρώ τη ροή των πληροφοριών και προς τις δύο κατευθύνσεις- με αυτόν τον τρόπο τροφοδοτώ την κίνηση που είναι απαραίτητη για την επικοινωνία.

ΠΩΣ ΝΑ ΒΕΛΤΙΣΤΟΠΟΙΗΣΕΤΕ ΤΟΝ ΧΡΟΝΟ ΣΑΣ;

Ο χρόνος είναι μια πολύτιμη αξία στις συχνά πολυάσχολες μέρες μας. Αναλύστε τη σχέση σας με το χρόνο για να βγάλετε τα σωστά συμπεράσματα σχετικά με το πού πρέπει να βελτιωθείτε.

Να έχετε επίγνωση των καλών πρακτικών σας καθώς και των πηγών αναποτελεσματικότητάς σας, ώστε να εργαστείτε πάνω σε αυτές. Για να το μάθετε, απαντήστε στις ακόλουθες ερωτήσεις με τη σειρά που δίνονται:

- Σας είναι δύσκολο να διαχειριστείτε τον χρόνο που έχετε για να κάνετε μια συγκεκριμένη εργασία;

- Αν ναι, ποιες δυσκολίες αντιμετωπίζετε συχνότερα;

- Τι σας κάνει να έχετε αυτή τη δυσκολία;

- Τι αντίκτυπο έχει αυτό στον οργανισμό σας;

Η απαρίθμηση των δυσκολιών σας θα σας επιτρέψει να προτείνετε μια λύση για καθεμία από αυτές και να τονίσετε το όφελος που θα αποκομίσετε από αυτήν.

Ένας άλλος τρόπος για να βελτιστοποιήσετε το χρόνο εργασίας σας είναι να προγραμματίζετε τις ημέρες σας σύμφωνα με το βιολογικό σας ρυθμό. Αξιοποιήστε στο έπακρο τις ώρες πλήρους συγκέντρωσης, προγραμματίζοντας τις εργασίες που μονοπωλούν περισσότερο τη διάνοιά σας. Και αν η δραστηριότητά σας απαιτεί να παραμείνετε εξαιρετικά συγκεντρωμένοι μέχρι τη 1 μ.μ., τίποτα δεν σας εμποδίζει να προβλέψετε την απώλεια ενέργειας και να φάτε ένα σνακ γύρω στις 10 π.μ.

ΠΩΣ ΝΑ ΔΙΑΧΕΙΡΙΣΤΕΙΤΕ ΤΙΣ ΠΡΟΤΕΡΑΙΟΤΗΤΕΣ;

Οι προτεραιότητες καθορίζονται από δύο πόλους: τον εαυτό σας και το περιβάλλον σας. Η γνώση του τρόπου διαχείρισής τους σημαίνει :

- να διακρίνετε μεταξύ επειγουσών και σημαντικών εργασιών. Οι επείγουσες εργασίες πρέπει να αντιμετωπίζονται, αλλά ποτέ εις βάρος των σημαντικών εργασιών. Για να το πετύχετε αυτό, προγραμματίζετε πάντα τουλάχιστον μία σημαντική εργασία που πρέπει να ολοκληρώνεται την ημέρα,

* Βρείτε τη σωστή ισορροπία μεταξύ αυτού που σας ζητείται να κάνετε και αυτού που θεωρείτε σωστό να κάνετε. Εξετάστε το αίτημα ως σύνολο, προσπαθώντας να εκτιμήσετε αν αυτό που σας ζητείται να κάνετε είναι σημαντικό για τους στόχους σας ή τους στόχους της ομάδας σας. Στη συνέχεια, να είστε σε θέση να εξηγήσετε την αντίληψή σας για τα πράγματα στους συναδέλφους ή τους προϊσταμένους σας κατόπιν αιτήματος – καθώς η σημασία μιας εργασίας μπορεί μερικές φορές να είναι υποκειμενική – και να είστε σε θέση να πείτε "όχι" ή να ζητήσετε περισσότερο χρόνο όταν αυτό μπορεί να επηρεάσει την εργασία σας.

Συνοψίζοντας, ενεργήστε με φθίνουσα σειρά: ασχοληθείτε πρώτα με τις εργασίες που, αν δεν εκτελεστούν, θα έχουν σοβαρές επιπτώσεις στην εργασία σας και στις εργασίες των συναδέλφων σας, είτε αυτές οι εργασίες είναι επείγουσες είτε σημαντικές, και στη συνέχεια με αυτές που έχουν πιο περιορισμένες συνέπειες κ.ο.κ.

ΑΠΟ ΕΣΑΣ ΕΞΑΡΤΑΤΑΙ!

Ακολουθούν μερικές πολύ απλές ασκήσεις που θα σας βοηθήσουν να συνειδητοποιήσετε την τρέχουσα κατάστασή σας, να προτείνετε τις δικές σας λύσεις σε σχέση με τους διάφορους τομείς που χρήζουν βελτίωσης και να προχωρήσετε έτσι προς μια αποδοτική και αποτελεσματική οργάνωση.

ΔΙΑΧΕΙΡΙΣΗ ΧΡΟΝΟΥ

Στόχος: να εντοπίσετε τι μειώνει την αποτελεσματικότητά σας στη διαχείριση του χρόνου σας.

Καταγράψτε τις αδυναμίες σας σε έναν πίνακα. Για κάθε ένα από αυτά, γράψτε τον λόγο και τη λύση που προτείνετε και, προκειμένου να θέσετε έναν μετρήσιμο στόχο, ορίστε μια προθεσμία για την εφαρμογή της λύσης.

ΔΙΑΧΕΙΡΙΣΗ ΠΡΟΤΕΡΑΙΟΤΗΤΩΝ

Στόχος: ανάλυση των εργασιών που έχουν ολοκληρωθεί και των εργασιών που δεν έχουν ολοκληρωθεί σε μια ημέρα και του επιπέδου προτεραιότητάς τους.

Καταγράψτε σε έναν πίνακα τις εργασίες που κάνατε σε μια ημέρα, ανά ώρα, και σε έναν δεύτερο πίνακα τις εργασίες που δεν καταφέρατε να κάνετε.

Σε αυτή τη βάση, απαντήστε στις ακόλουθες δύο ερωτήσεις και, ανάλογα με τις απαντήσεις, ενδεχομένως επανεκτιμήστε το επίπεδο προτεραιότητας ορισμένων εργασιών:

- Τι αντίκτυπο είχαν οι ανεκτέλεστες εργασίες στην εργάσιμη ημέρα σας;

- Πώς θα μπορούσατε να κάνετε διαφορετικά;

ΠΑΡΑΣΙΤΑ

Στόχος: ανάκτηση ενέργειας με την απόφαση να εξαλειφθούν τα παράσιτα.

Καταγράψτε σε μορφή διαγράμματος τουλάχιστον τρία πράγματα που παρεμποδίζουν την καθημερινή σας οργάνωση στην εργασία και σπαταλούν την ενέργειά σας. Στη συνέχεια, αφιερώστε λίγο χρόνο για να σκεφτείτε τι θα μπορούσατε να κάνετε για να μειώσετε την αρνητική επίδραση αυτών των περισπασμών.

ΓΙΑ ΝΑ ΠΡΟΧΩΡΗΣΕΤΕ ΠΕΡΑΙΤΕΡΩ

ΒΙΒΛΙΟΓΡΑΦΙΚΕΣ ΠΗΓΕΣ

SALOMÉ Jacques, *Ποιον θα πλήγωνα αν ήμουν ο εαυτός μου;* Μόντρεαλ, Les Éditions de l'Homme, 2008.

ΑΛΛΕΣ ΠΗΓΕΣ

Μαθήματα προπονητικής στην Haute École de Coaching με τους Philippe DUVILLIER και Fabienne LEMAIGRE-VOREAUX, πιστοποιημένους προπονητές και εκπαιδευτές.

Κύριο ISBN: 9782808664226
ISBN: 9782808671644
Νόμιμη κατάθεση: D/2023/12603/486

Ψηφιακός σχεδιασμός: Primento,
ο ψηφιακός συνεργάτης των εκδοτών.